Recopilación de datos

Cálculo con números de dígitos múltiples

Dawn McMillan

T0204988

Créditos de publicación

Editor
Peter Pulido

Editora asistente
Katie Das

Directora editorial
Emily R. Smith, M.A.Ed.

Redactora gerente
Sharon Coan, M.S.Ed.

Directora creativa
Lee Aucoin

Editora comercial
Rachelle Cracchiolo, M.S.Ed.

Créditos de imágenes

La autora y el editor desean agradecer y dar crédito y reconocimiento a los siguientes por haber dado permiso para reproducir material con derecho de autor: portada; Istock Photos; página de título, NOAA; p.4, U.S. Census Bureau; p.6, Jeff Greenberg/Alamy; p.7, JUPITERIMAGES/Brand X/Alamy; p.8–9, NOAA; p.10, Getty Images; p.12, Corbis RF; p.13, NOAA; p.14 (izquierda), Corbis RF, (derecha) NOAA; p.15, Jim Reed/CORBIS; p.16, U.S. Census Bureau; p.17, Shutterstock; p.18, Getty Images; p.19, U.S. Census Bureau; p.20, Photos.com; p.21 FEMA; p.22, David R. Frazier Photolibrary, Inc./Alamy; p.23, Istock Photos; p.24, U.S. Census Bureau; p.25, Big Stock Photos; p.26–27, 123rf; p.28–29, Photodisc

La información en las páginas 16–19, 20–21, 22 y 24 fue obtenida de la oficina de censo de los Estados Unidos.

Aunque se ha tomado mucho cuidado en identificar y reconocer el derecho de autor, los editores se disculpan por cualquier apropiación indebida cuando no se haya podido identificar el derecho de autor. Estarían dispuestos a llegar a un acuerdo aceptable con el propietario correcto en cada caso.

Teacher Created Materials

5301 Oceanus Drive
Huntington Beach, CA 92649-1030
http://www.tcmpub.com
ISBN 978-1-4333-0509-2

Contenido

Los datos

Muchas personas recopilan **datos**, o información, como parte de su trabajo. Estos datos nos ayudan a comprender mejor lo que sucede en nuestro mundo.

Este libro examina cómo los **científicos** y los trabajadores de la comunidad recopilan datos.

¿Qué son los datos?

La palabra datos es otra palabra para información.
La gente recoleta datos para **investigaciones.**

Los datos pueden ser compartidos una vez que se recopilan. Las tablas y las gráficas hacen que los datos sean fáciles de ver y comprender.

Tabla de frecuencia

Una tabla de **frecuencia** muestra con qué frecuencia ocurre cada entrada en un conjunto de datos.

Precipitación de febrero a abril

Tipo de precipitación	Número de días
aguanieve/granizo	5
nieve	17
lluvia	27
ninguna precipitación	40

Gráfica de barras

Una gráfica de barras usa rectángulos o barras. Cada barra muestra con qué frecuencia ocurren ciertos datos.

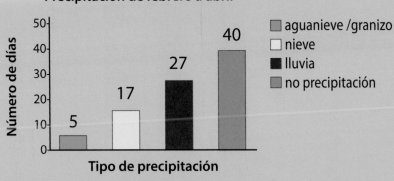

Precipitación de febrero a abril

Los meteorólogos

Los meteorólogos recopilan y aprenden sobre los datos del **clima**. Hacen los mapas del clima. Pronostican los cambios del tiempo. Los meteorólogos usan computadoras para ayudarse a dar sentido a los datos del tiempo.

Ventarrones

En abril de 1934, una ráfaga de viento de 231 millas por hora (372 km/h) atravesó la cima de monte Washington en New Hampshire. Éste es aún el récord para la ráfaga de viento más rápida registrada en la Tierra.

Muchos meteorólogos trabajan en **estaciones del tiempo**. Algunos trabajan en la tele. Ve un reporte del clima local. ¡Puedes estar viendo a un meteorólogo!

El pronóstico del tiempo

Globos climatológicos

Los globos climatológicos llevan instrumentos usados para medir el clima. Los meteorólogos lanzan los globos climatológicos desde estaciones del timepo. En los Estados Unidos, el Servicio Nacional de Meteorología lanza más de 90 globos al día.

Datos del globo climatológico

Altura (pies) sobre el nivel del mar	Temperatura del aire (Fahrenheit)
2,050	55°
4,100	43°
6,150	32°
8,200	23°
10,250	18°
12,300	9°

Un globo climatológico recopiló estos datos de la temperatura del aire.

Un meteorólogo lanza un globo climatológico.

Satélites

Los **satélites** también recopilan datos del clima. Estos datos pueden ser de cuánta lluvia cayó en una área. O pueden ser de la velocidad del viento.

Los meteorólogos usan datos de satélites para ayudarse a pronosticar el clima para cada día. También usan datos de satélite para ayudarse a pronosticar el clima.

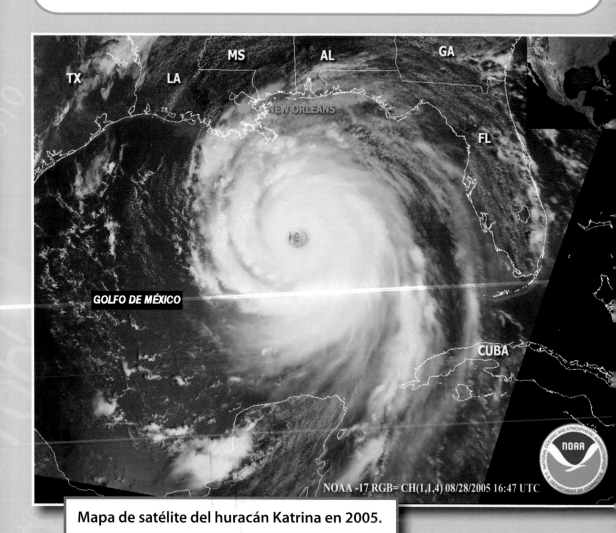

Mapa de satélite del huracán Katrina en 2005.

Radar

Los meteorólogos también usan **radares** para recopilar datos. Los radares escanean los cielos. Transmiten datos sobre las tormentas. Los radares incluso pueden dar información sobre las tormentas que pueden convertirse en tornados.

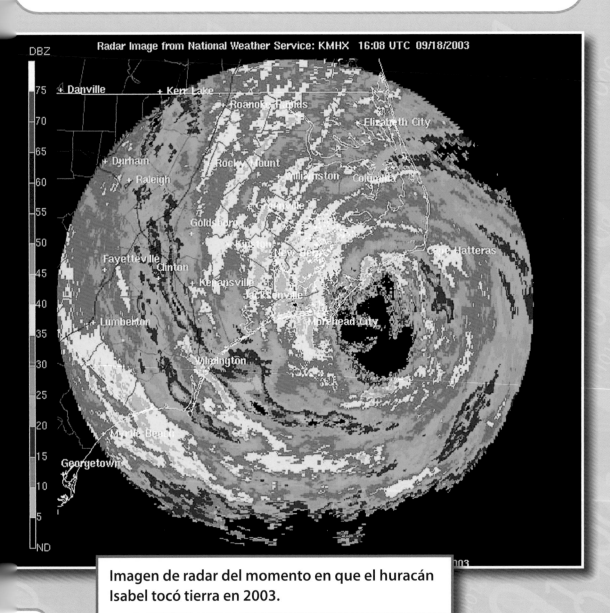

Imagen de radar del momento en que el huracán Isabel tocó tierra en 2003.

Recibir el pronóstico del clima

Los meteorólogos muestran datos del clima de manera que nosotros podamos comprenderlos. Los mapas y las tablas del tiempo pueden mostrar la temperatura y la precipitación pluvial. Podemos encontrar el pronóstico del tiempo en la radio, la TV y hasta en la red.

Datos diarios

Usas los datos cuando ves los pronósticos del clima. Estos datos te ayudan a decidir cómo vestirte ese día.

Pronóstico para Los Ángeles		Alta	Baja
miércoles	Despejado	71°	57°
jueves	Despejado	70°	55°
viernes	Caliente	77°	60°
sábado	Nublado	68°	51°
domingo	Lluvia	66°	55°

Los perseguidores de tormentas

La región central de los Estados Unidos tiene los tornados y tormentas más peligrosos del mundo. El mayo del 2003 hizo historia en cuanto al tiempo. Ese mes se contaron 543 tornados. Éste es un récord climatológico aún hoy en día.

Exploremos las matemáticas

La temporada de tornados en los Estados Unidos empieza al final del invierno y puede durar hasta la mitad del verano. La siguiente tabla muestra el número de tornados en la temporada del 2007.

Temporada de tornados del 2007 en los Estados Unidos	
Mes	**Número de tornados**
marzo	171
abril	165
mayo	251
junio	128
julio	69
agosto	73

a. Redondea el número de tornados de cada mes a la decena más cercana.

b. Suma tus números redondeados para estimar cuántos tornados hubo durante estos 6 meses.

En la temporada de tornados, los científicos quieren aprender más sobre las tormentas. Así que se convierten en "perseguidores de tormentas". Ellos usan datos de los mapas meteorológicos y fotos de satélite para encontrar las tormentas. Luego, salen y siguen las tormentas para recopilar más datos.

Tornados terribles

Hubo 2 días terribles en 1974. Durante estos días, 148 tornados sacudieron la región central de los Estados Unidos. En 6 de estos tornados los vientos tuvieron velocidades superiores a las 261 millas por hora (420 km/h).

Este perseguidor de tormentas usa equipo para recopilar datos.

Los datos de los tornados

El Dr. Howard Bluestein es profesor universitario. ¡También es un perseguidor de tormentas! Por muchos años el Dr. Bluestein y su equipo corrían delante de un tornado. Colocaban instrumentos climatológicos en su camino para recopilar datos.

El Dr. Bluestein decidió que esta forma de perseguir tormentas era demasiado difícil. ¡También era demasiado peligroso! Ahora persigue las tormentas en un camión especial. El Dr. Bluestein conduce cerca de la tormenta, pero no delante de ella. Mide el viento en y alrededor de un tornado.

Los científicos todavía están aprendiendo cómo se forma un tornado de una tormenta. Los perseguidores de tormentas les están ayudando a saberlo.

Fuerza de los tornados

Tipo de tornado	Velocidad del viento
débil	<110 millas por hora (177 km/h)
fuerte	110–205 millas por hora (177–330 km/h)
violento	>205 millas por hora (330 km/h)

El conteo de las personas

El **gobierno** de los Estados Unidos recopila datos sobre la gente que vive en el país. Lo hace cada 10 años. Usa un formulario de **censo** para hacerlo.

Esta pareja llena su formulario del censo.

Indiana

Exploremos las matemáticas

El censo de los Estados Unidos proporciona información sobre el número de la población de las ciudades y pueblos grandes como de los pequeños. La tabla siguiente muestra los cálculos de la **población** de algunos pueblos pequeños de Indiana.

Cálculos de población			
Pueblo	2004	2005	2006
Advance	572	581	583
Mount Auburn	75	75	74
Shamrock Lakes	162	161	159
Spring Hill	96	96	97

a. Redondea el número de la población de cada año a la centena más cercana.

b. Haz un pronóstico de lo que piensas que era la población de cada pueblo en el 2007. ¿Cómo hiciste ese pronóstico?

Los datos del censo son importantes. Los datos del censo ayudan a los gobiernos a conocer el tamaño de las ciudades y pueblos. Esto les ayuda a planificar escuelas y caminos. Los gobiernos también pueden decidir si las ciudades necesitan metros y autobuses adicionales.

Crecimiento de la población

El censo de 1790 descubrió que 3.9 millones de personas vivían en los Estados Unidos de América. El censo del 2000 contó 281 millones de personas. ¡Imagina lo que será en el año 2210!

Recolección de datos para el censo

Hoy, la mayoría de las personas reciben sus formularios del censo por correo. Pero algunas personas no los devuelven. Si no se devuelven los formularios, entonces los trabajadores del censo necesitan conseguir los datos. Ellos hacen llamadas telefónicas o van a los hogares.

Idiomas diferentes

El formulario del censo del 2000 estaba en inglés y en español, pero no todos hablan 1 de estos 2 idiomas. Algunos trabajadores del censo hablan otros idiomas para ayudar a la gente a llenar sus formularios.

Datos para todos

Muchos reportes se hacen con los datos del censo. Hay reportes sobre la población y la vivienda. Incluso hay datos sobre cuántos estudiantes se inscriben en las escuelas.

Los planificadores escolares usan los datos del censo. Pueden aprender sobre sus vecindarios y ciudades. Pueden pronosticar cuántos estudiantes irán a la escuela. Estos datos también les dicen cuándo necesitan edificar nuevas escuelas.

Inscripciones en Flowerdale 2005–2010

Esta tabla muestra el pronóstico de inscripciones escolares en el sistema de Escuelas Públicas de Flowerdale. Los planificadores escolares usaron datos del censo que mostraron que mucha gente estaba mudándose al distrito escolar.

Pronóstico de inscripciones

Año	Número pronosticado de estudiantes
2005	378
2006	391
2007	432
2008	455
2009	465
2010	480

Hasta los socorristas usan los datos del censo. Los datos del censo les dicen cuántas personas necesitan ayuda en una **emergencia**.

Los datos del censo ayudaron al gobierno de los Estados Unidos a identificar cuántas personas necesitaban salir de New Orleans antes de la llegada del huracán Katrina.

Exploremos las matemáticas

| Inscripciones en Flowerdale ||
Año	Número de estudiantes
2005	370
2006	400
2007	435
2008	470

La tabla anterior muestra el número verdadero de inscripciones escolares en las escuelas públicas de Flowerdale para los años 2005–2008.

a. Compara los datos verdaderos de arriba con los pronósticos de la página 20. ¿Qué notas?

b. ¿Por qué piensas que son diferentes?

Las ciudades y las comunidades

Las ciudades y **comunidades** son lugares donde la gente vive y trabaja. Las ciudades y comunidades necesitan hacer planes para el futuro. Necesitan poder crecer y cambiar.

Parques de la ciudad

Muchas ciudades grandes tienen parques grandes para que la gente se relaje y disfrute.

Tamaño de los parques de la ciudad

Ciudad	Parque	Tamaño del parque (acres)
Tokio, Japón	Parque Ueno	208
Londres, Inglaterra, Reino Unido	Parque Hyde	360
Sao Paulo, Brasil	Parque Ibirapuera	395
Toronto, Canadá	Parque High	398
Ciudad de Nueva York, Estados Unidos	Parque Central	843

Los planificadores urbanos trabajan con grupos de la ciudad y de la comunidad. También trabajan con los gobiernos y las empresas locales. Los planificadores urbanos ayudan a estos grupos a hacer planes para la ciudad. Los planes incluyen cuándo edificar escuelas o parques nuevos.

Una planificadora urbana habla con un constructor.

Exploremos las matemáticas

Observa la tabla de parques de la ciudad de la página 22.

a. ¿Qué ciudad tiene el parque más grande?

b. Ahora redondea el tamaño de los parques a la centena más próxima.

c. Calcula cuánto más grande es el parque Central que el parque Hyde.

Los planificadores urbanos

Primero, un planificador urbano necesita datos para descubrir qué es lo mejor para la comunidad. El censo puede proporcionar información sobre la edad de los diversos grupos de la comunidad. Puede brindar datos sobre cuántas escuelas hay.

Estudiantes de América

El censo del 2000 mostró que en la primavera del 2000, más de 76 millones de estudiantes iban a la escuela. De estos 76.6 millones, aproximadamente 34 millones fueron inscritos en escuelas primarias y 16 millones fueron registrados en la secundaria. Datos como éstos son útiles para que los planificadores urbanos descubran cuántas escuelas se necesitan.

Los planificadores urbanos también observan los mapas. Los mapas ayudan a los planificadores urbanos a recopilar datos sobre las calles y el **transporte**. Los planificadores urbanos también necesitan conocer el clima de una ciudad o comunidad.

Exploremos las matemáticas

La ciudad de la foto está creciendo con rapidez.

Número de tiendas construidas en los últimos 3 años		
Hace 3 años	**Hace 2 años**	**Hace 1 año**
387	603	958

a. Redondea el número de tiendas a la centena más cercana.

b. Suma estos números para calcular el número total de tiendas nuevas construidas en los últimos 3 años.

Planificación para el futuro

La gente de la comunidad necesita participar en el futuro de su propia ciudad. Los planificadores urbanos pueden convocar reuniones para recibir datos. Pueden hacer una **encuesta** para pedir ideas. Los planificadores urbanos estudian los datos. Luego, se hacen nuevos planes para el futuro de la ciudad.

Da un paseo por tu vecindario local. ¿Qué cambios notas? La gente que recopila datos ha ayudado a que se produzcan estos cambios.

Los datos son importantes en muchas partes de la vida. Los científicos usan los datos para ayudarse a sí mismos y a nosotros a comprender nuestro mundo. Los datos ayudan a los trabajadores de la comunidad a mejorar el lugar donde vives.

Informar a la comunidad

Con frecuencia, los informes y planes hechos por los planificadores de la ciudad son publicados en periódicos para que los lea la gente.

¡Un éxito de taquilla!

Una nueva película de aventura se estrena y todos quieren verla. ¡La crítica del periódico le dio 4 de 5 estrellas! Los jefes del estudio de la película piensan que ganará mucho dinero. Los jefes deciden saber cuántos boletos se vendieron en la Ciudad Sureña para ver cuánto dinero está haciendo película.

En la Ciudad Sureña, miles de personas van a ver la película durante la primera semana. La tabla muestra cuánta gente vio la película cada día.

lunes	martes	miércoles	jueves	viernes	sábado	domingo
684	538	372	629	893	981	843

¡Resuélvelo!

a. Si un boleto para la película cuesta $9.95, calcula cuánto dinero hizo la película en Ciudad Sureña en la primera semana.

Usa los pasos siguientes para ayudarte a resolver el problema.

Paso 1: Redondea los números de personas que vieron la película cada día a la centena más cercana. Esto te dará un **estimado** del número de personas que vieron la película cada día.

Paso 2: Agrega los números redondeados de toda la semana. Esto te dará el número total estimado de gente que vio la película en la primera semana.

Paso 3: Redondea el costo del boleto al dólar más cercano.

Paso 4: Multiplica el número de personas que vieron la película por el costo de cada boleto. Esto te dará la cantidad total de dólares por venta de boletos en Ciudad Sureña para la primera semana del estreno de la película.

Glosario

censo—una encuesta del gobierno de la población de un país

científicos—gente que recopila datos a través del estudio y la observación

clima—conjunto de las condiciones de temperatura, humedad y presión

comunidad—un grupo de personas o animales diferentes que viven en un lugar

datos—información recopilada

emergencia—un hecho inesperado que necesita acción rápida

encuesta—un documento usado para recopilar datos

estaciones del tiempo—lugares donde se recopilan datos del clima

estimar—hacer un cálculo o estimación aproximada

frecuencia—el número de veces que ocurre un hecho

gobierno—un grupo de líderes que por lo general son escogidos por la gente de una cierta área para administrar dicha zona

investigaciones—la recopilación de datos

población—el número total de gente que vive en cierto país o área

precipitación—lluvia, granizo, aguanieve, niebla o nieve

pronóstico—predecir que algo sucederá usando datos

radares—máquinas que envían ondas radiales para encontrar objetos

satélites—máquinas en el espacio que orbitan alrededor de la tierra y recopilan datos

temperatura—qué tan caliente o frío está algo, por lo general se muestra en grados

tiempo—otra forma de decir clima

transporte—una forma de viajar de un lugar a otro

Índice

Exploremos las matemáticas

Página 12:

a.

Mes	Número de tornados
marzo	170
abril	170
mayo	250
junio	130
julio	70
agosto	70

b. $170 + 170 + 250 + 130 + 70 + 70 = 860$ tornados aproximadamente.

Página 17:

a.

Pueblo	2004	2005	2006
Advance	600	600	600
Mount Auburn	100	100	100
Shamrock Lakes	200	200	200
Spring Hill	100	100	100

b. Las respuestas variarán.

Página 21:

a. Las respuestas pueden variar, pero deberían incluir detalles como que los números pronosticados eran menores que los números verdaderos.

b. Las respuestas variarán.

Página 23:

a. La ciudad de Nueva York tiene el parque más grande.

b.

Parque Ueno	Parque Hyde	Parque Ibirapuera	Parque High	Parque Central
200 acres	400 acres	400 acres	400 acres	800 acres

c. El parque Central es aproximadamente 400 acres más grande que el parque Hyde.

Página 25:

a.

hace 3 años	hace 2 años	hace 1 año
400	600	1,000

b. Aproximadamente 2000 tiendas nuevas fueron edificadas en los últimos 3 años.

Actividad de resolución de problemas

Paso 1:

lunes	martes	miércoles	jueves	viernes	sábado	domingo
700	500	400	600	900	1,000	800

Paso 2: $700 + 500 + 400 + 600 + 900 + 1,000 + 800 = 4,900$

Paso 3: $9.95 redondeado al dólar más cercano = $10.00

Paso 4: $4,900 \times \$10.00 = \$49,000.00$

La película ganó aproximadamente $49,000.00 en Ciudad Sureña durante su primera semana.